EASY PIANO

Norah Jones *come away with me*

ISBN 0-634-05906-8

HAL•LEONARD®
CORPORATION

7777 W. BLUEMOUND RD. P.O. BOX 13819 MILWAUKEE, WI 53213

Visit Hal Leonard Online at
www.halleonard.com

DON'T KNOW WHY

Words and Music by
JESSE HARRIS

Moderately slow

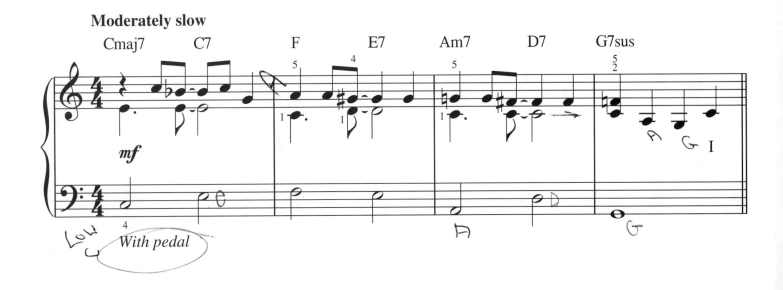

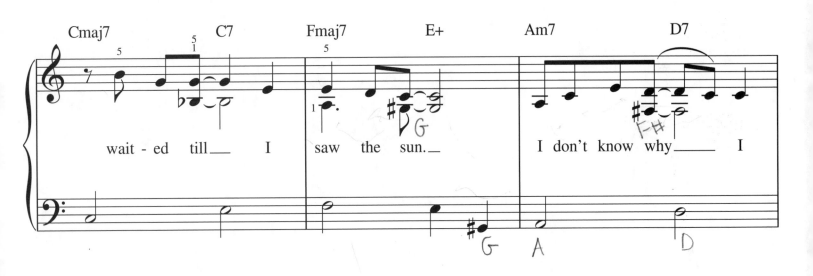

wait - ed till ___ I saw the sun. ___ I don't know why ___ I

did - n't come. I left you by ___ the house of fun. ___

CONTENTS

SEVEN YEARS

Words and Music by
LEE ALEXANDER

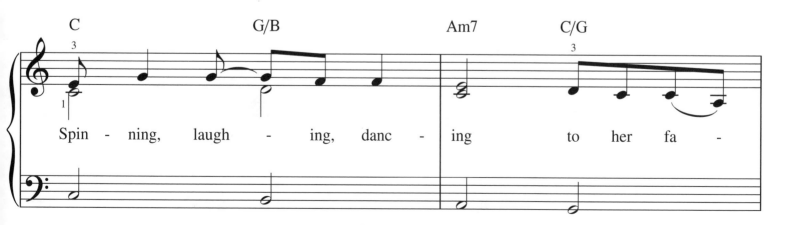

Spin - ning, laugh - ing, danc - ing   to her fa -

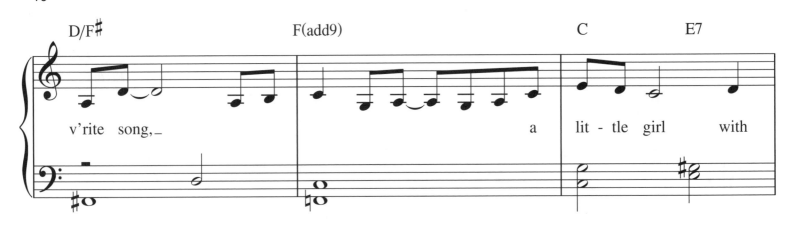

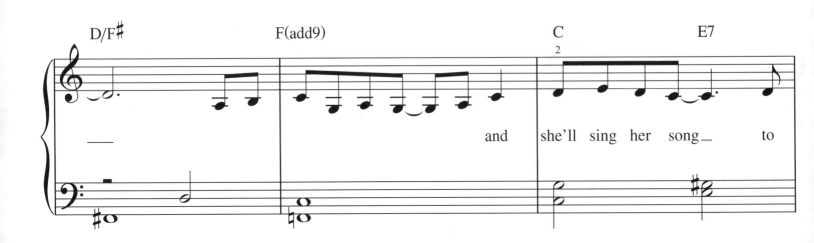

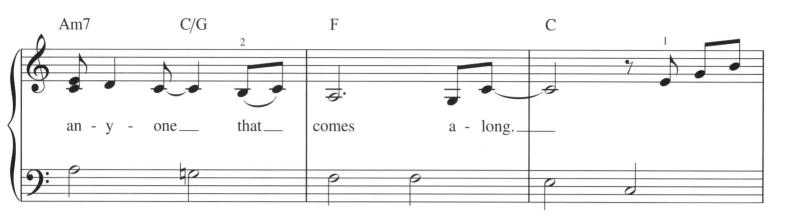

an - y - one___ that___ comes a - long.___

Frag - ile as___ a leaf___ in au - tumn,___ just

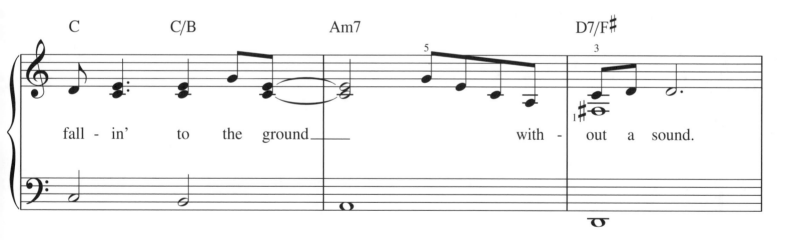

fall - in' to the ground___ with - out a sound.

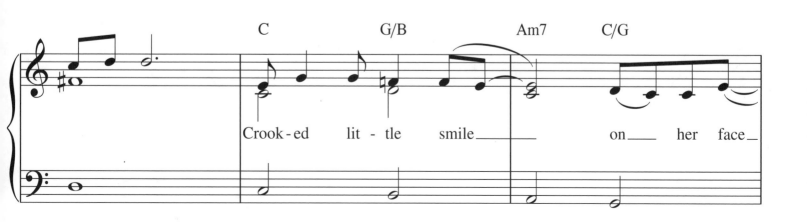

Crook - ed lit - tle smile___ on___ her face___

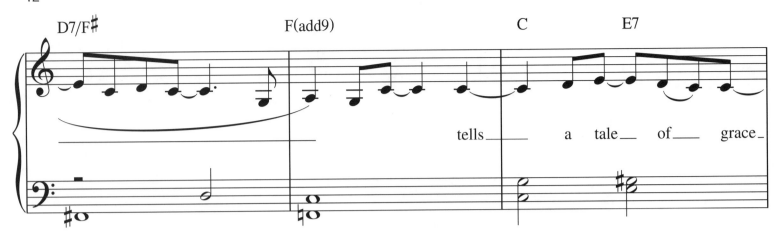

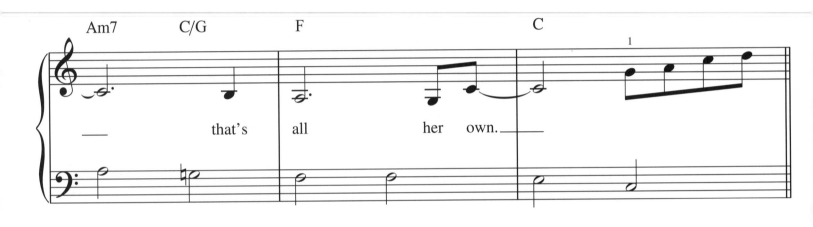

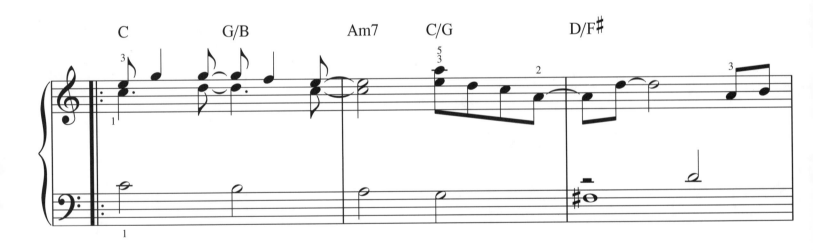

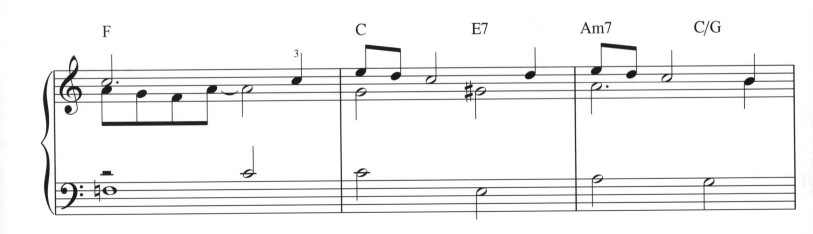

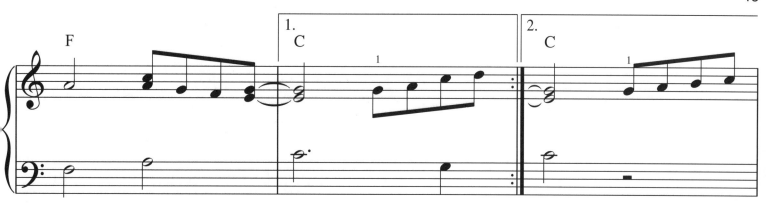

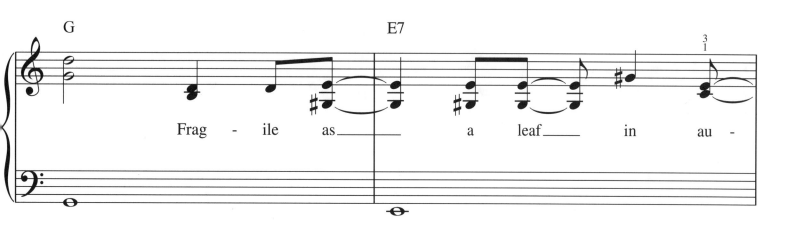

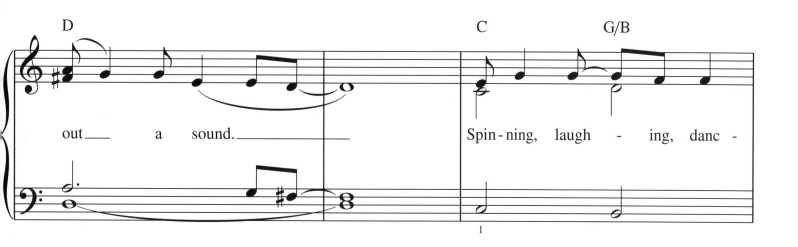

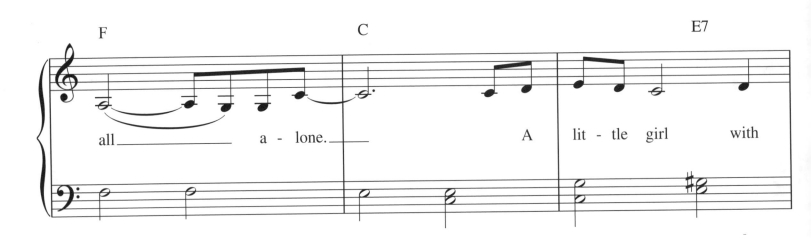

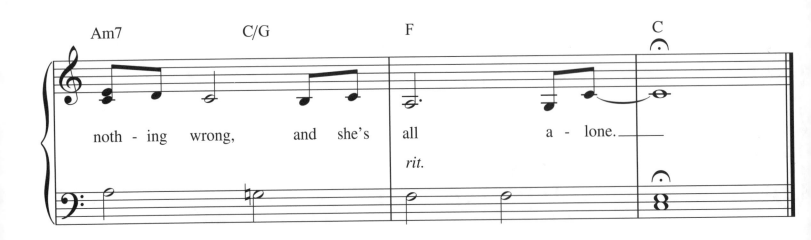

COLD, COLD HEART

Words and Music by
HANK WILLIAMS

thing I do _____ is just some e - vil _____

scheme. A mem -'ry from your lone - some past ___

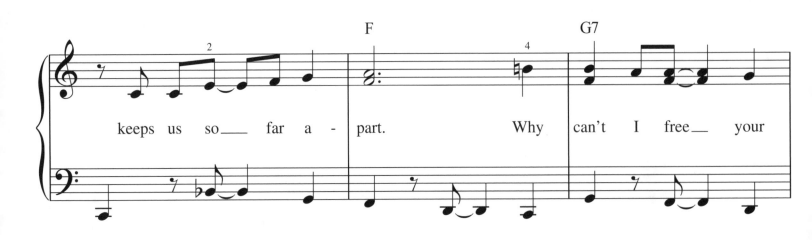

keeps us so ___ far a - part. Why can't I free ___ your

doubt - ful mind ___ and melt your cold, ___ cold heart? ___

An -

oth - er love____ be - fore my time____ made

G7

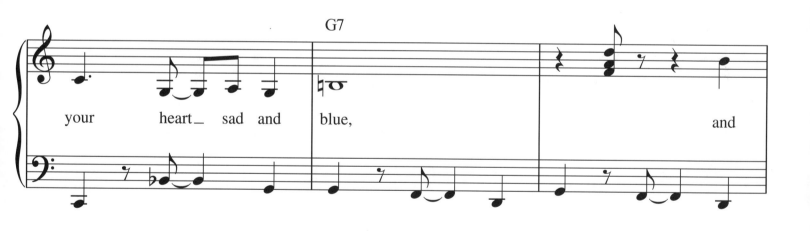

your heart___ sad and blue, and

so my heart is pay - ing now___ for things I____ did - n't____

do._____ In an - ger un - kind words I said__

that made the tear-drops start._____ Why can't I free_ your

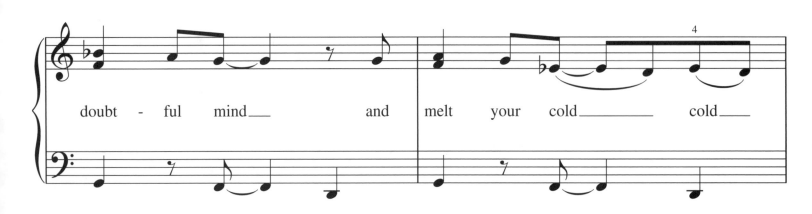

doubt - ful mind__ and melt your cold_____ cold___

heart?

There was a time when I be-lieved_ that

you be-longed_ to me, but

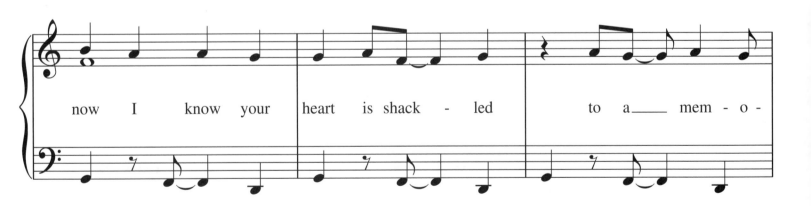

now I know your heart is shack-led to a___ mem-o-

ry._____ The more I learn to care for you,_ the

more   we drift a - part._____   Why   can't   I   free_____

your doubt - ful mind   and melt your cold,_ cold_   heart?_____

8vb

FEELIN' THE SAME WAY

Words and Music by
LEE ALEXANDER

Moderate Rock

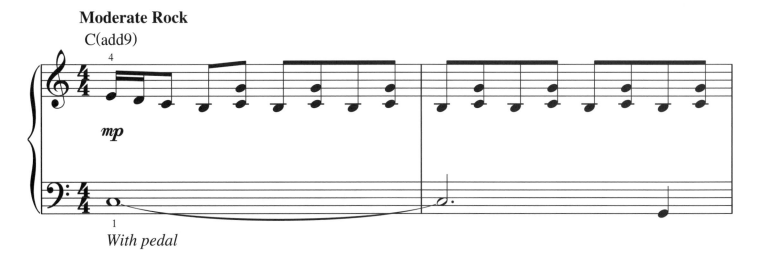

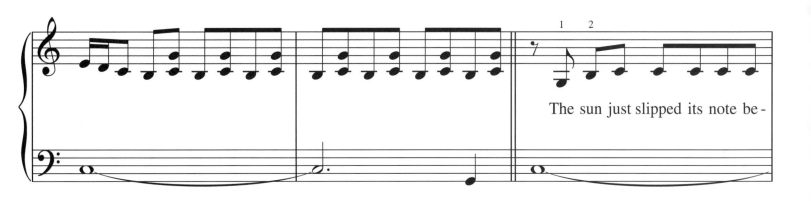

The sun just slipped its note be-

low my door and I can't hide be-neath my sheets.

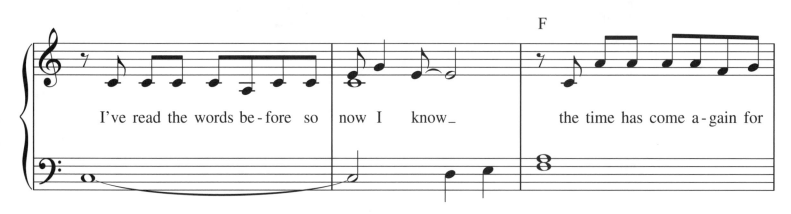

I've read the words be-fore so now I know__ the time has come a-gain for

me. And__ I'm feel-in' the same__ way all o - ver a - gain.__

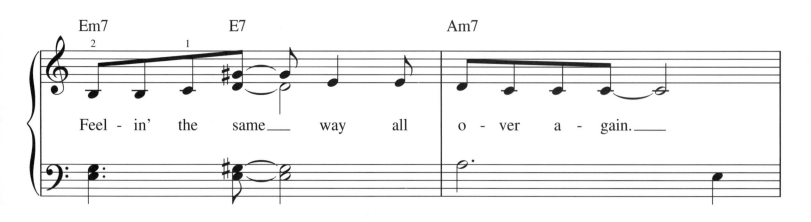

Feel - in' the same___ way all o - ver a - gain.___

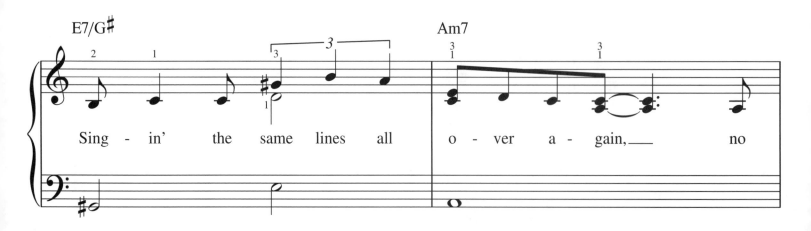

Sing - in' the same lines all o - ver a - gain,___ no

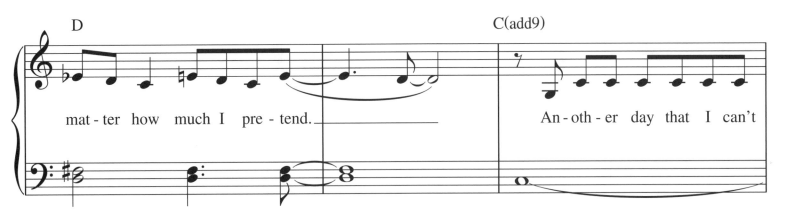

D ... C(add9)

mat - ter how much I pre - tend.____ An - oth - er day that I can't

F ... C(add9)

find my head.__ My feet don't look like they're my own._____

F

I try and find the floor be - low the stairs, I hope I reach it once__

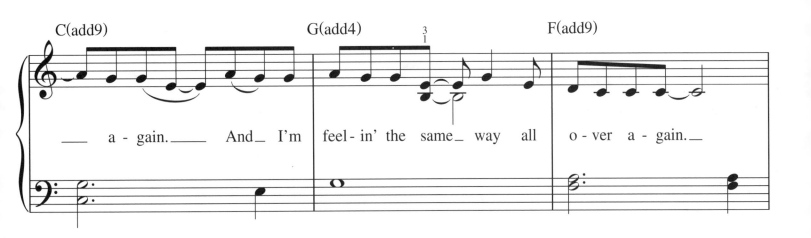

C(add9) ... G(add4) ... F(add9)

__ a - gain.__ And__ I'm feel - in' the same__ way all o - ver a - gain.__

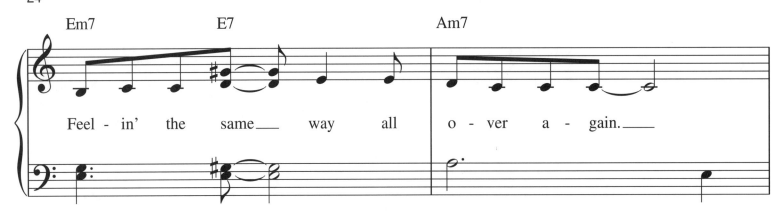

Feel - in' the same___ way all o - ver a - gain.___

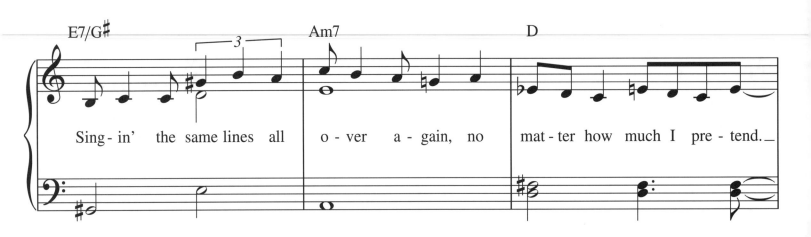

Sing - in' the same lines all o - ver a - gain, no mat - ter how much I pre - tend.___

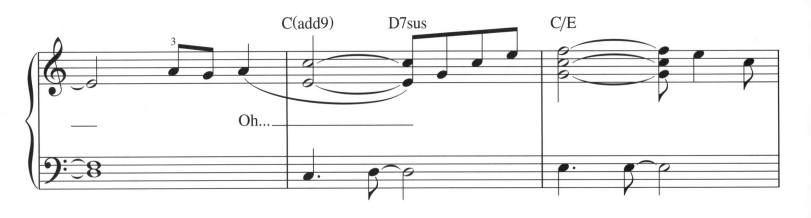

Oh...___

So man-y times I won-der where I've gone_ and how I found my way back

in._____ I look a-round a while for some-thing lost;

may-be I'll find_ it in_____ the end._ And_ I'm feel-in' the same way all

F(add9)   Em7   E7   Am7

o - ver a - gain._   Feel - in' the same way all   o - ver a - gain.

E7/G♯   Am7   D

Sing - in' the same lines all   o - ver a - gain, no   mat - ter how much I pre - tend._

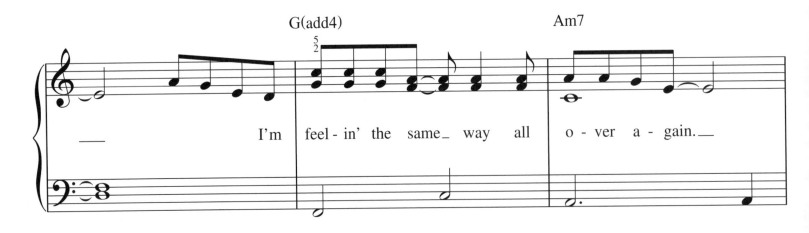

G(add4)   Am7

_   I'm feel - in' the same_ way all   o - ver a - gain._

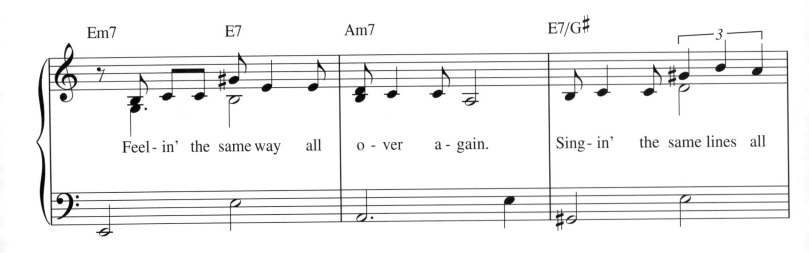

Em7   E7   Am7   E7/G♯

Feel - in' the same way all   o - ver a - gain.   Sing - in' the same lines all

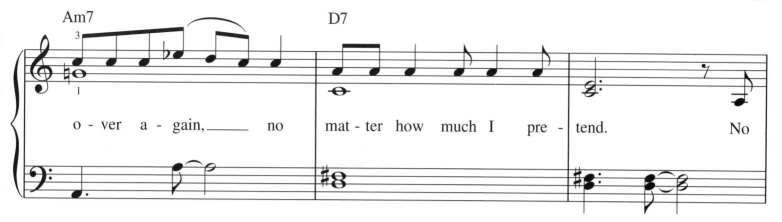

o - ver a - gain,_____ no mat - ter how much I pre - tend. No

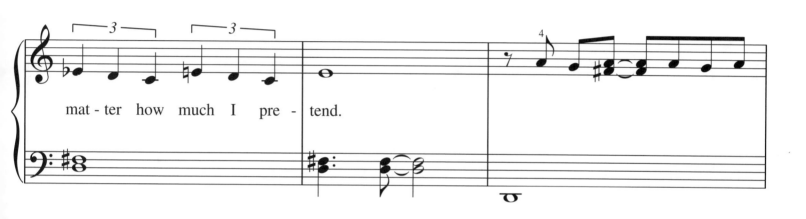

mat - ter how much I pre - tend.

rit.

COME AWAY WITH ME

Words and Music by
NORAH JONES

Moderately slow

With pedal

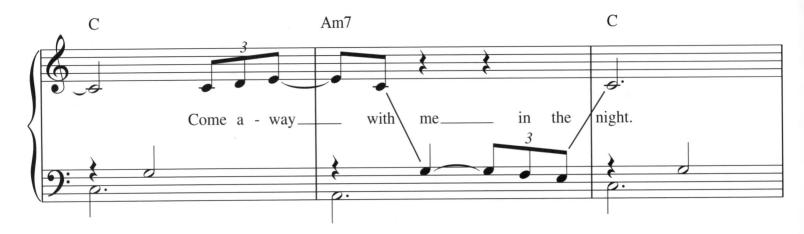

Come a - way___ with me___ in the night.

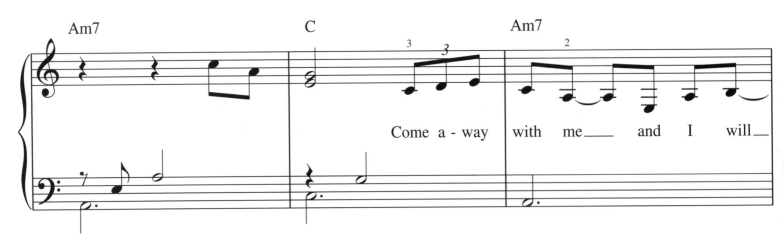

Come a - way with me___ and I will___

walk with you____ on a cloud - y day

in fields____ where the yel - low grass grows___ knee - high. So won't you____

____ try_____ to come? Come a - way____ with me and we'll kiss on a

moun - tain - top.____ Come a - way____ with me___ and I'll_____ nev - er

stop   lov - in'   you.

And I____ wan-na

wake up___ with the rain___ fall - lin' on a tin roof___ while I'm

safe there_ in your arms. So all I___ ask is___ for you to come a - way___

___ with me in the night.

Come a - way___ with me.___

rit.

SHOOT THE MOON

Words and Music by
JESSE HARRIS

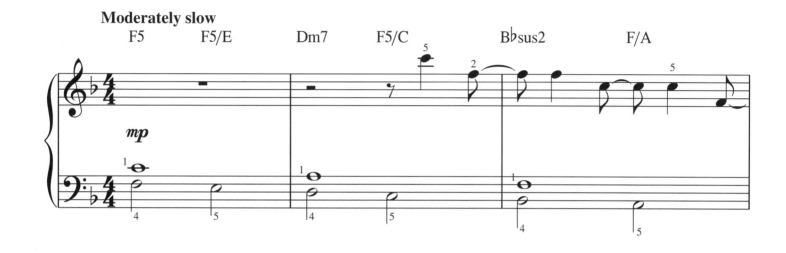

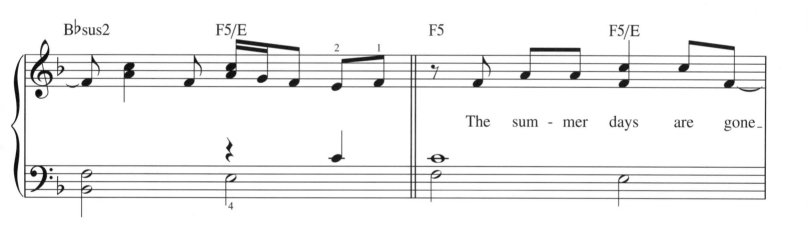

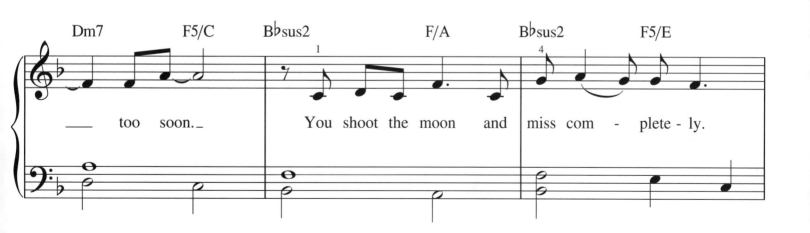

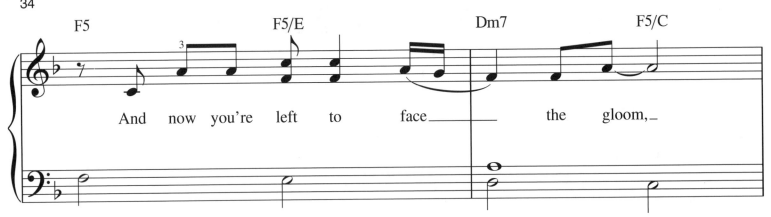

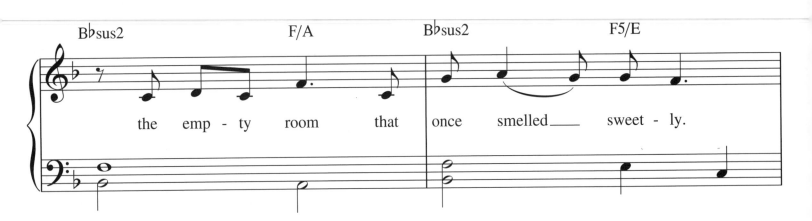

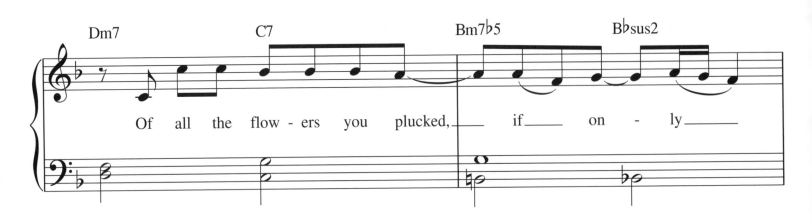

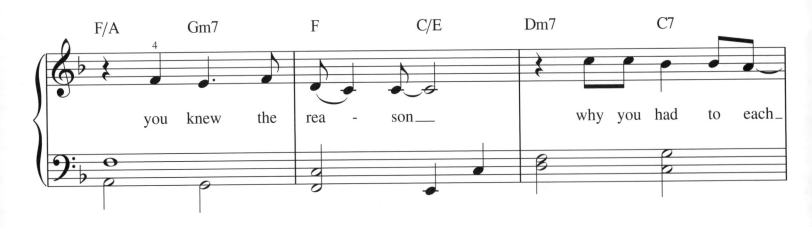

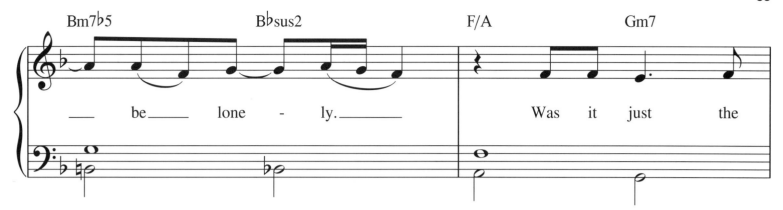

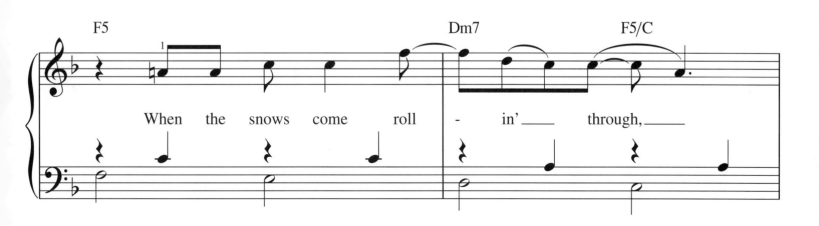

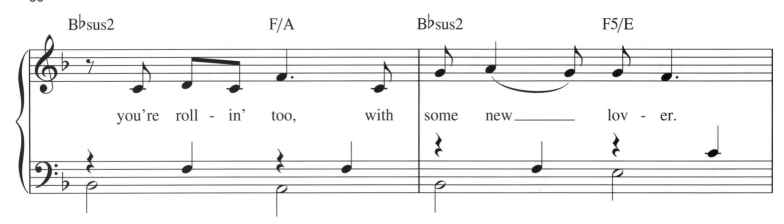

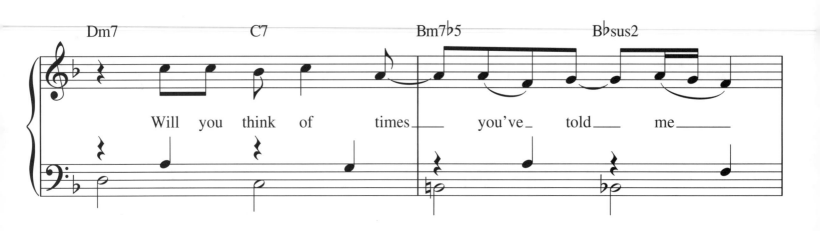

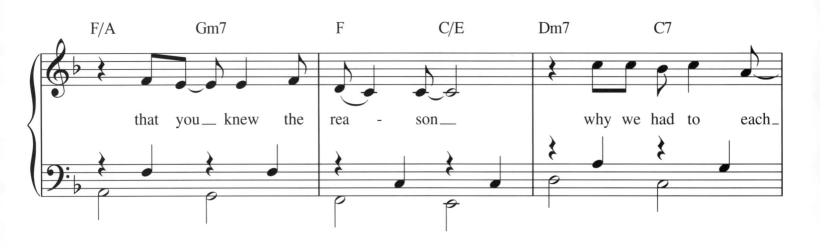

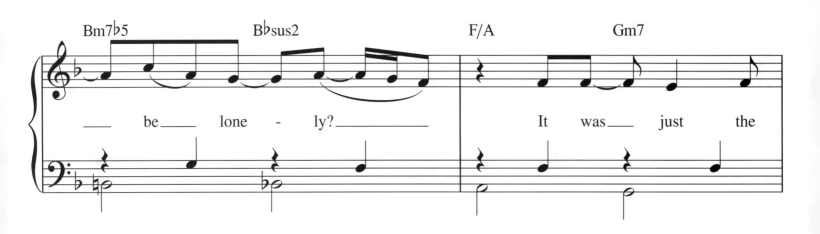

sea - son.___

Will you think of times___

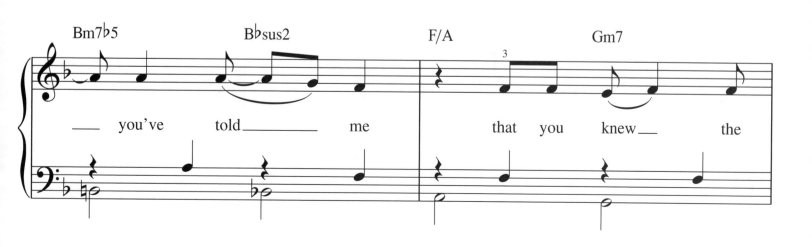

___ you've told___ me that you knew___ the

rea - son___ why we had to each___ be lone - ly?

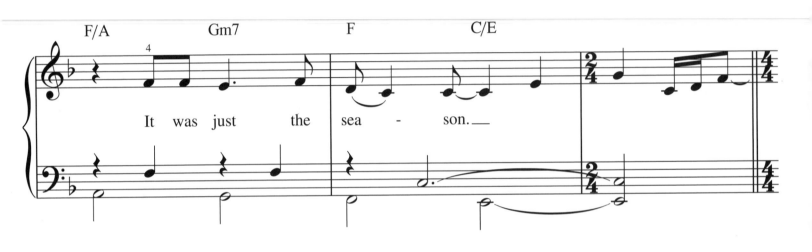

It was just the sea - son.___

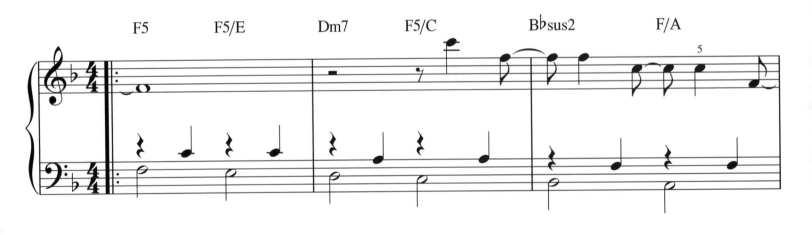

TURN ME ON

Words and Music by
JOHN D. LOUDERMILK

Like the des - ert _____ wait - ing

for the rain,___ like a school - kid

wait - ing for the spring, I'm just sit - tin' here wait - in' for

you to come on home_ and turn_ me on.

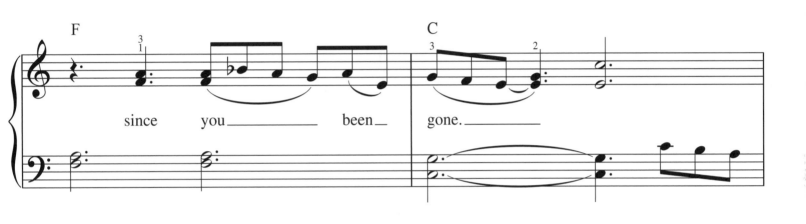

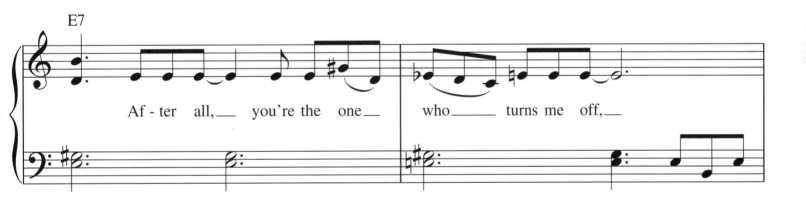

My hi - fi____ is____ wait - ing for a new tune,____

the glass is wait - ing____ for some fresh ice cubes,____

I'm just sit - tin' here wait - in' for you__ to come on_____ home and turn me

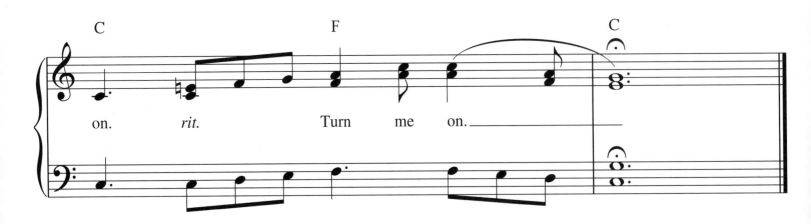

on. *rit.* Turn me on.____

LONESTAR

Words and Music by
LEE ALEXANDER

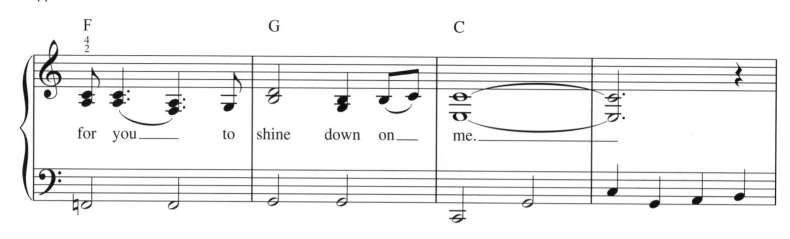

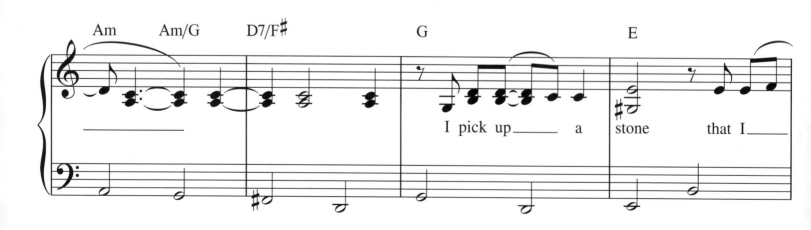

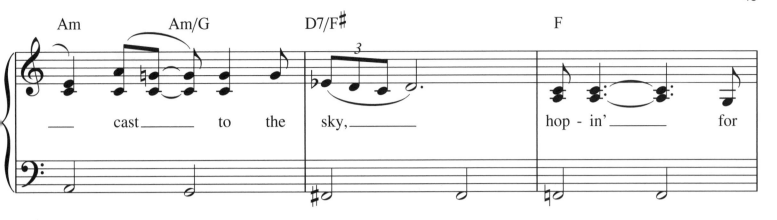

cast ____ to the sky, ____ hop - in' ____ for

some kind of ____ sign.

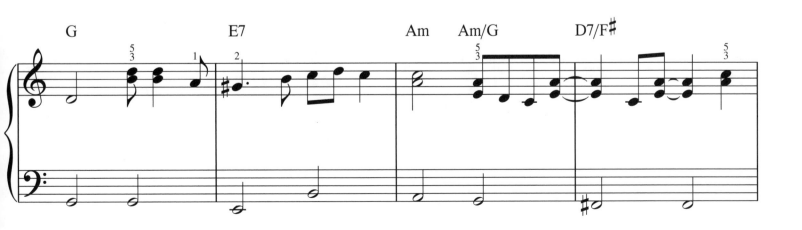

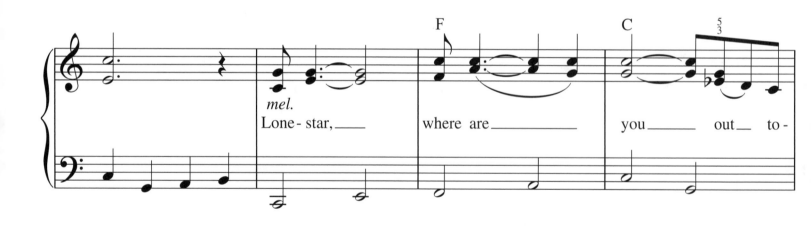

mel.
Lone - star,_____ where are_____ you_____ out_____ to -

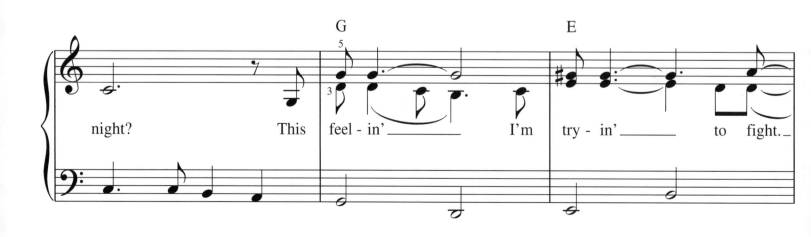

night? This feel - in' _____ I'm try - in' _____ to fight.__

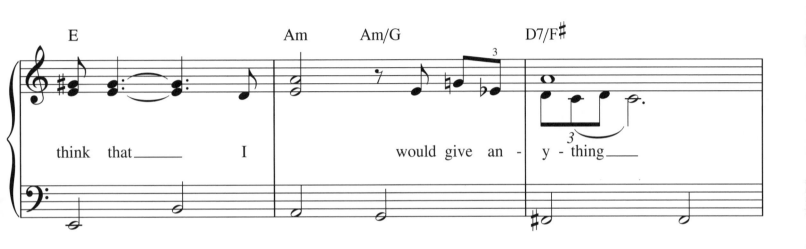

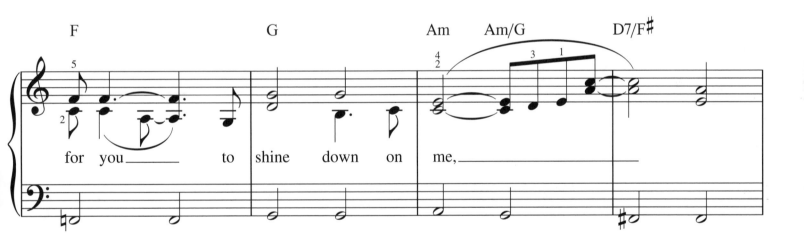

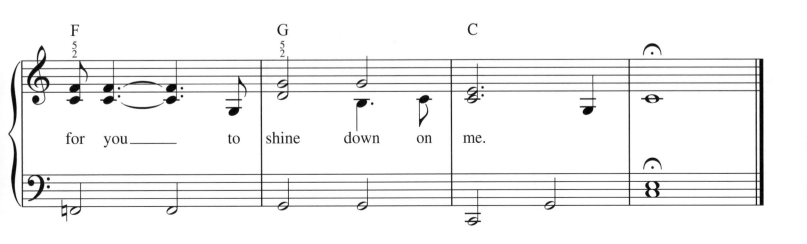

I'VE GOT TO SEE YOU AGAIN

Words and Music by
JESSE HARRIS

Moderately slow Rhumba

Lines___ on your face___ don't_ both - er

me,_____ down_____ in my___ chair

___ when you dance o - ver me._____ I can't help_

___ my - self;___ I've got to see you a-

gain. Late____

_____ in the night _____ when I'm all _____ a - lone _____

and I look at the clock _____ and I know _____ you're _____

D7

_____ not home, I can't help _____ my - self; _____

Gm

I've got to see you a - gain.

I could al-most go____ there____ just to watch you be

seen. I could al-most go____ there____

just to live__ in a dream.____

To Coda ⊕

But no,____ I__ won't go____ for an-y of those__

things. To not touch your skin

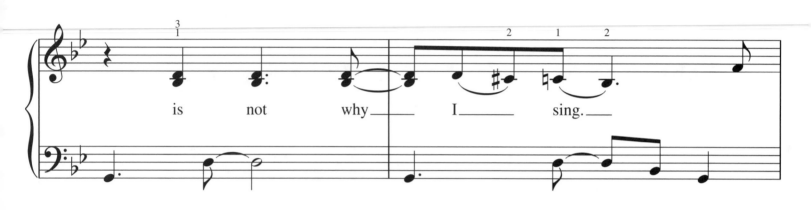

is not why I sing.

I can't help my - self;

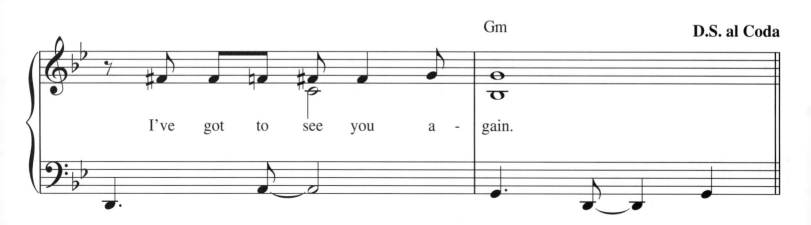

I've got to see you a - gain.

CODA

But no_____ I_____ won't__ go__

__ to share__ you__ with them._____ But oh,__

__ e - ven though I____ know____ where____ you've been,__

I can't help____ my - self;_____

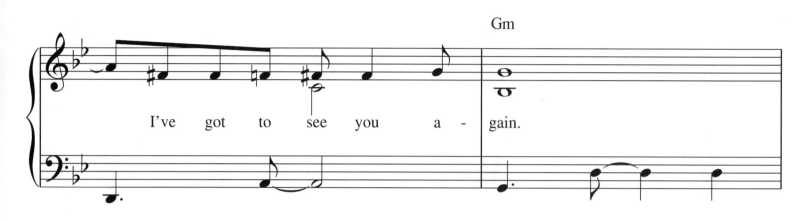

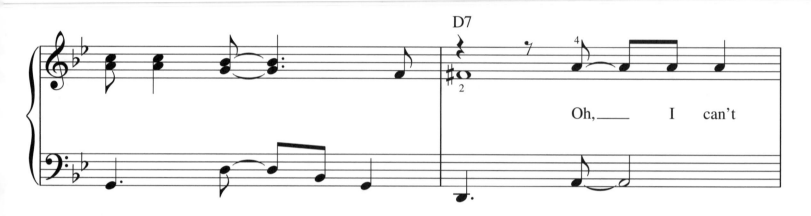

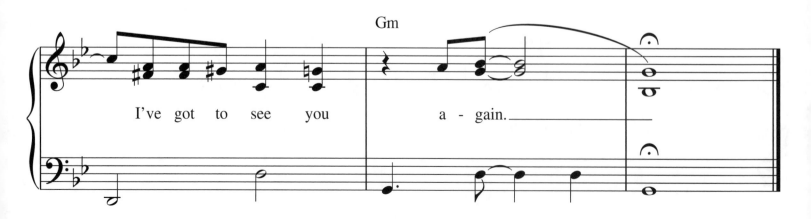

PAINTER SONG

Words and Music by LEE ALEXANDER
and J.C. HOPKINS

Lyrics: If I were a paint - er _____ I would paint my rev - er - ie, _____ if that's the on - ly way for you to be with me.

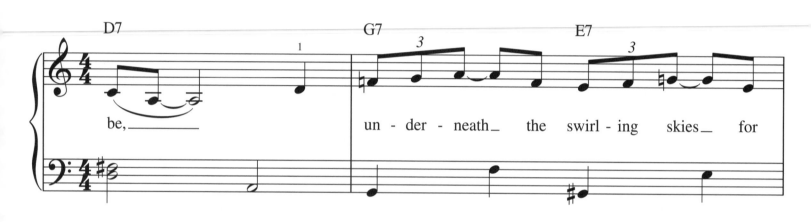

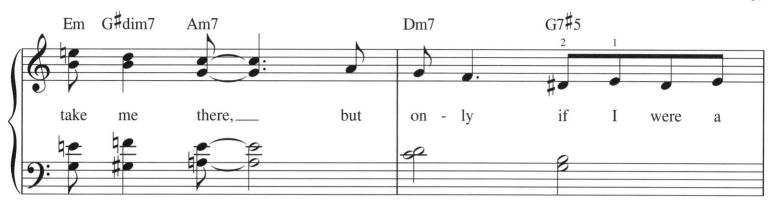

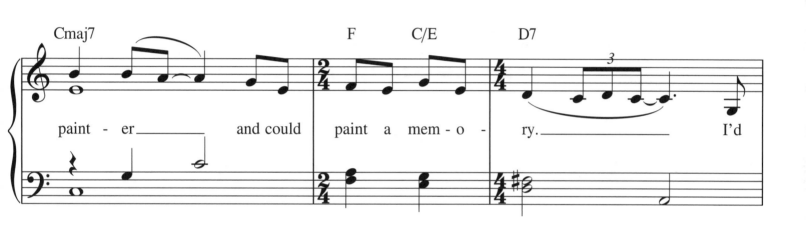

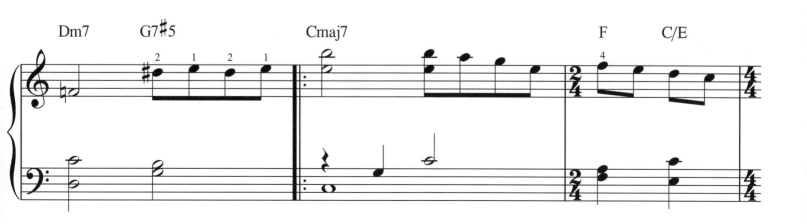

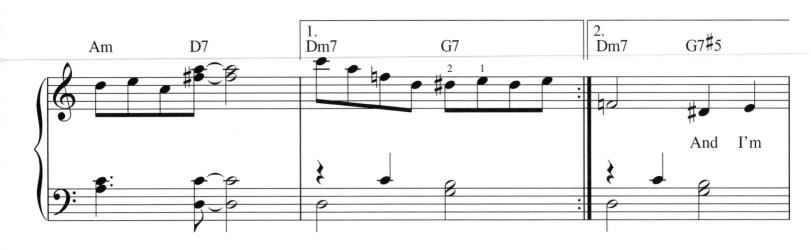

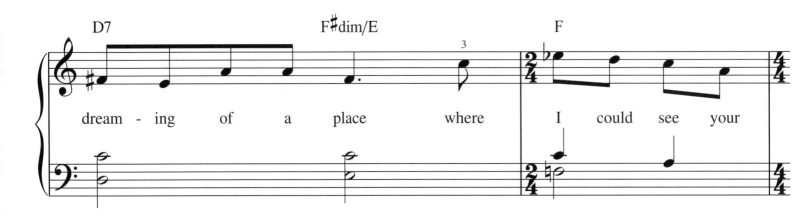

dream - ing   of   a   place   where   I   could   see   your

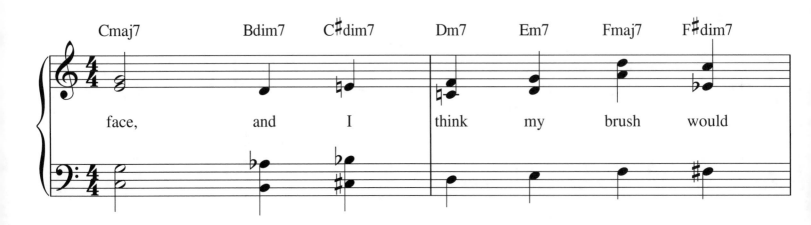

face,   and   I   think   my   brush   would

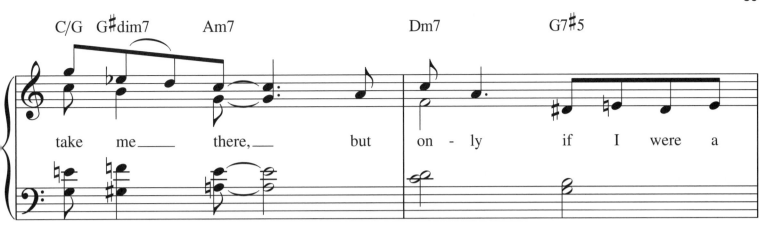

take me ___ there, ___ but on - ly if I were a

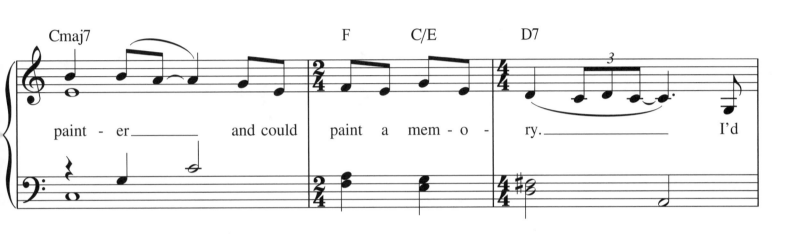

paint - er _____ and could paint a mem - o - ry. _____ I'd

climb in - side ___ the swirl - ing skies ___ to be with you. _____ I'd

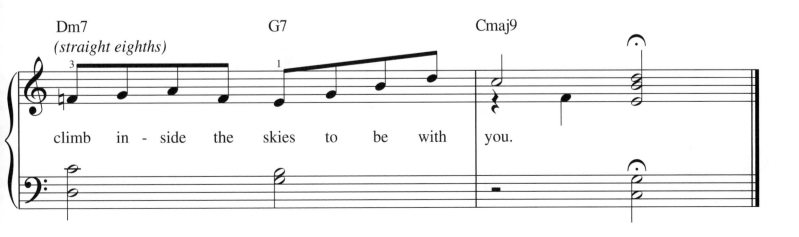

climb in - side the skies to be with you.

ONE FLIGHT DOWN

Words and Music by
JESSE HARRIS

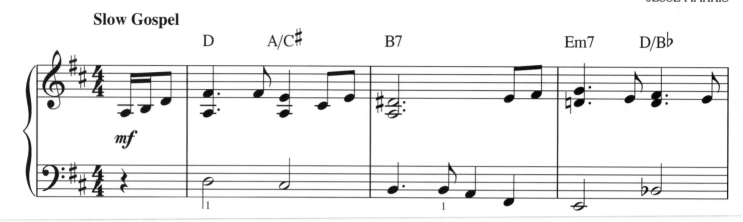

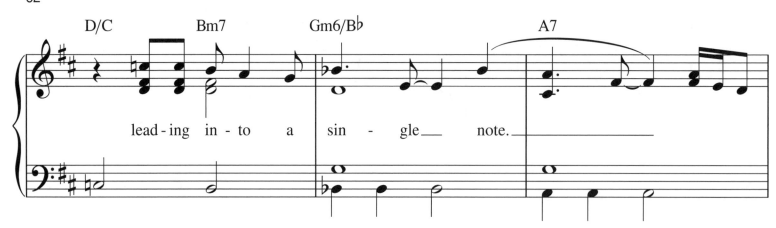

lead - ing in - to a sin - gle___ note.___

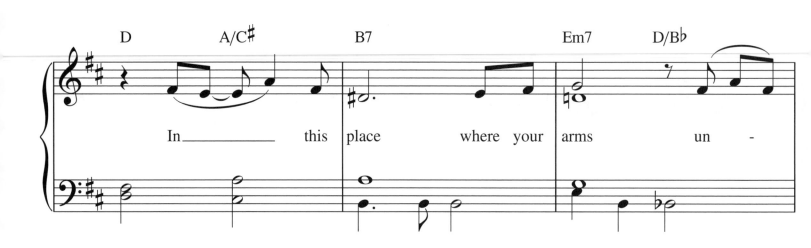

In_____ this place where your arms un -

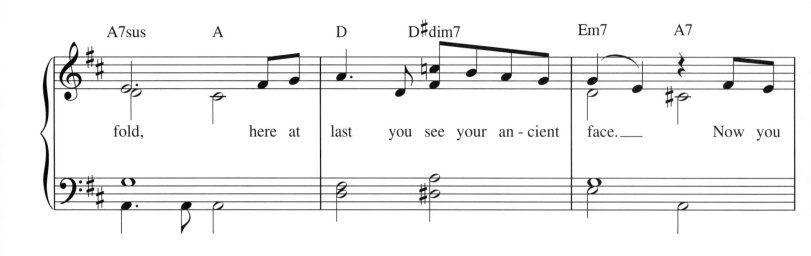

fold, here at last you see your an - cient face.___ Now you

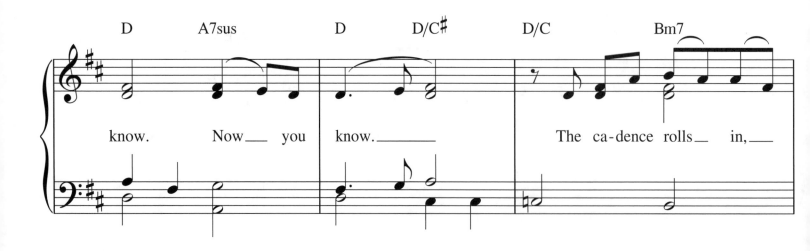

know. Now___ you know.___ The ca - dence rolls___ in,___

NIGHTINGALE

Words and Music by
NORAH JONES

Moderately fast

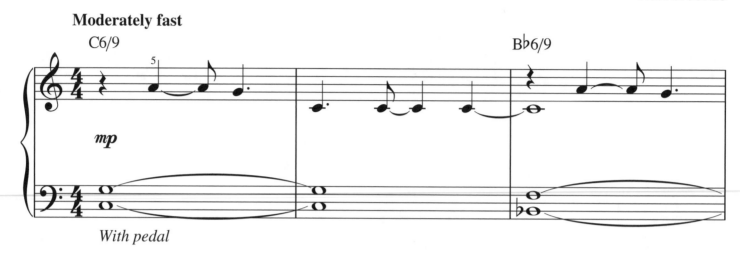

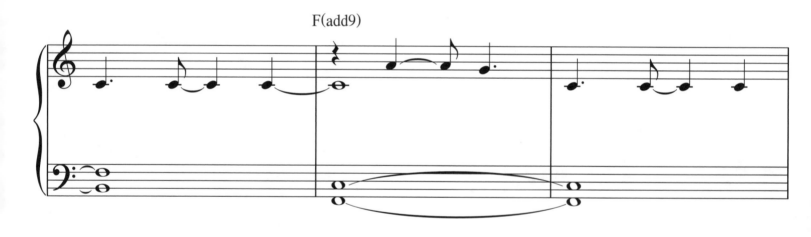

Night - in - gale,

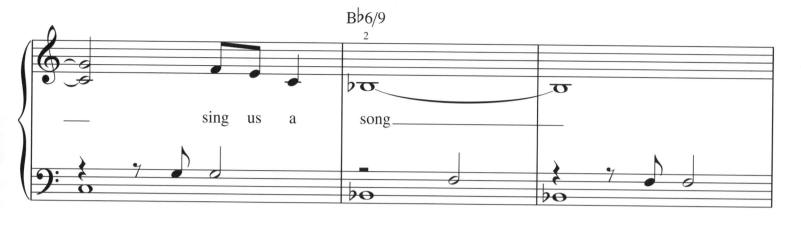

sing us a song

of a love that once be - longed.

Night - in - gale, tell me

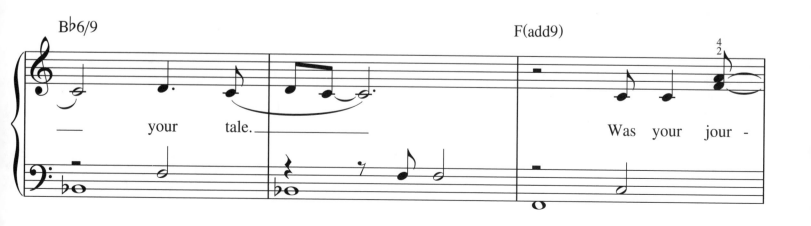

your tale. Was your jour -

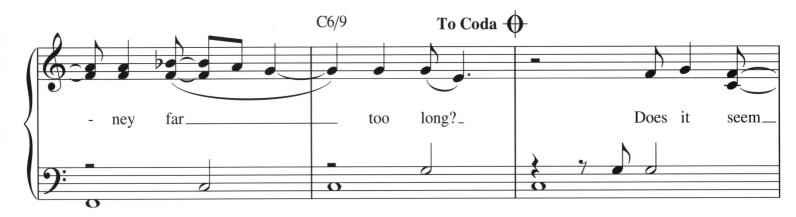

- ney far_____ too long?_ Does it seem_

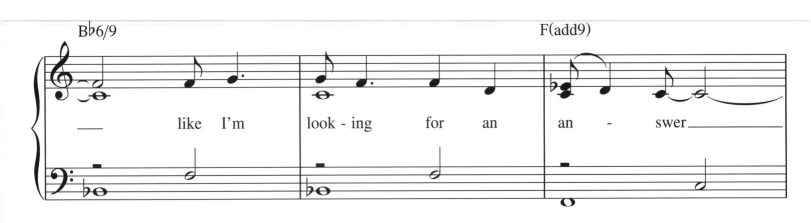

_ like I'm look - ing for an an - swer_____

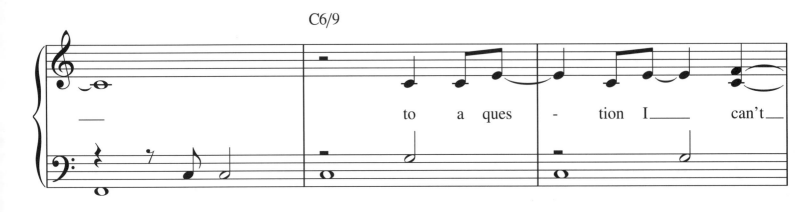

_ to a ques - tion I____ can't_

_ ask?_____ I don't know_

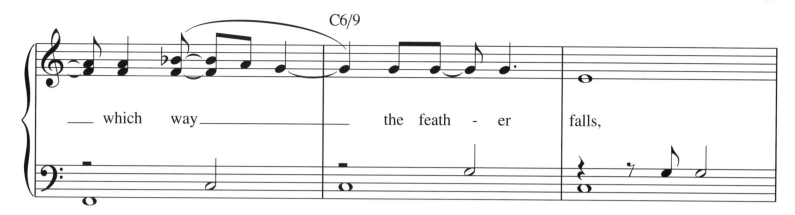

which way the feath - er falls,

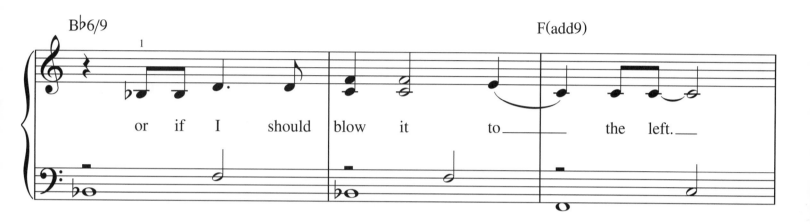

or if I should blow it to the left.

D.S. al Coda

Night-in - gale,

CODA

All the voic - es

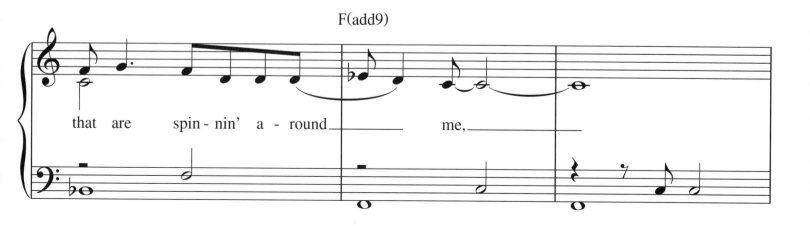

that are spin-nin' a - round me,

try - ing to tell___ me what___ ro say.___

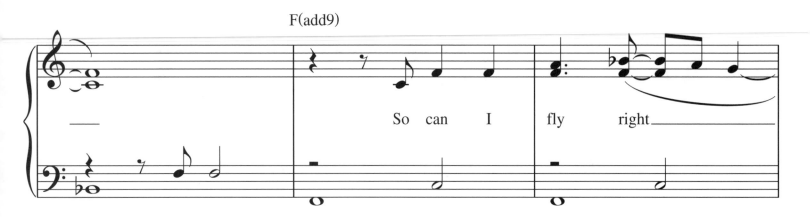

___ So can I fly right___

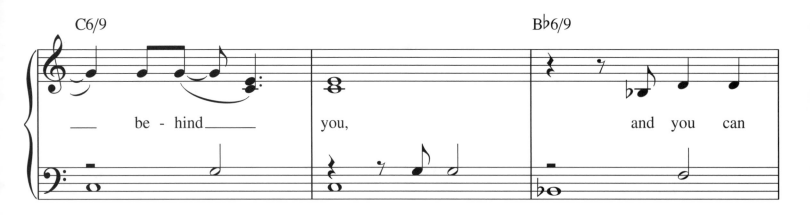

___ be - hind___ you, and you can

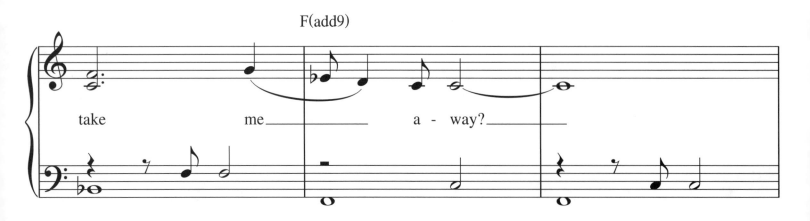

take me___ a - way?___

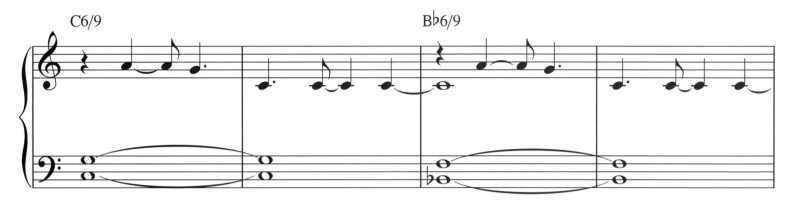

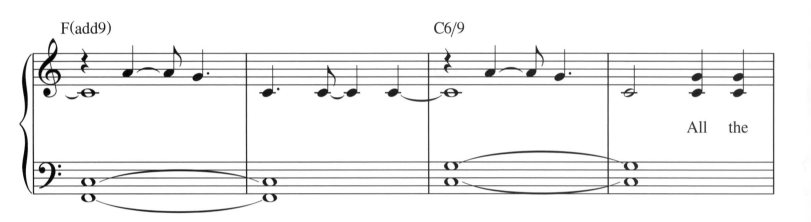

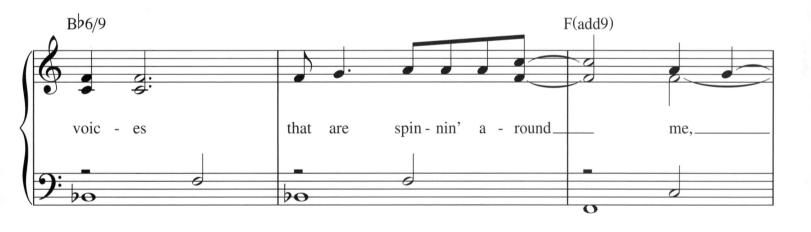

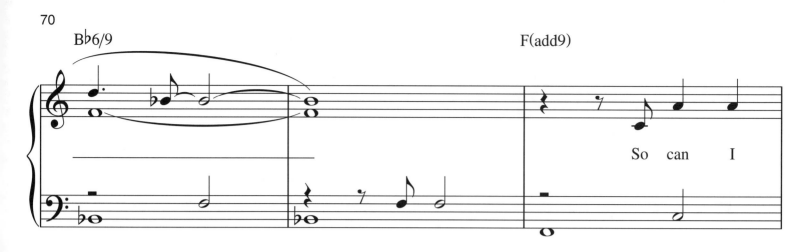

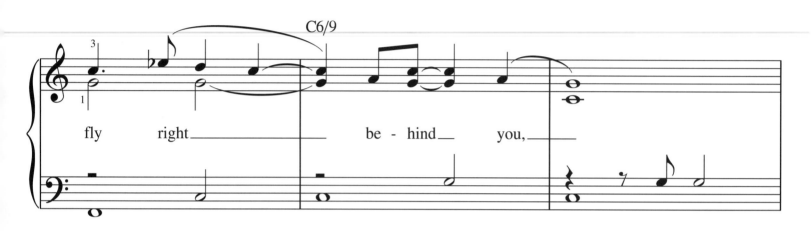

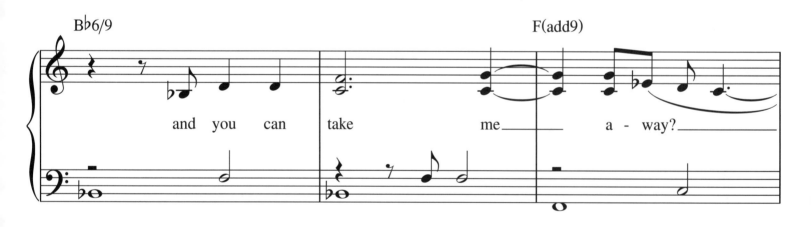

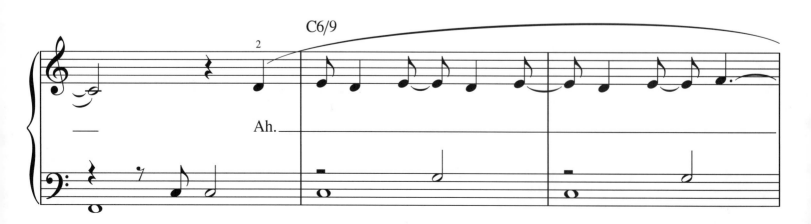

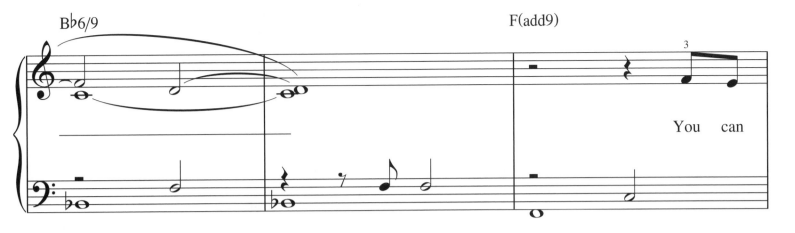

Bb6/9

F(add9)

You can

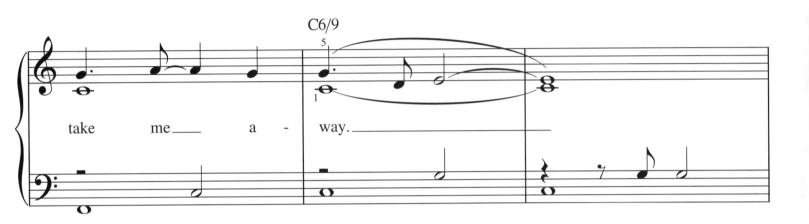

C6/9

take me   a - way.

F(add9)

C6/9

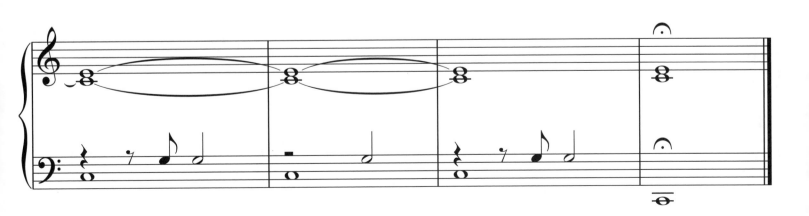

THE LONG DAY IS OVER

Words and Music by NORAH JONES
and JESSE HARRIS

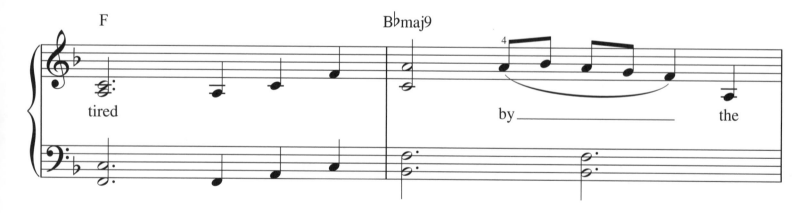

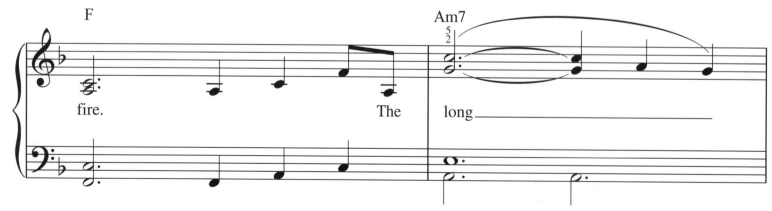

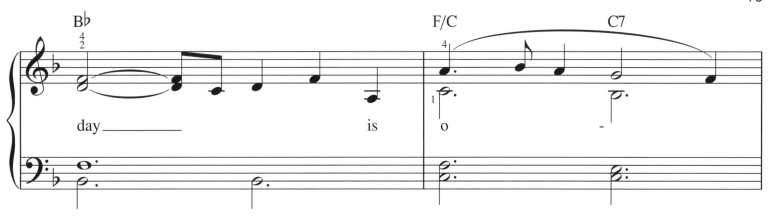

day _____ is o -

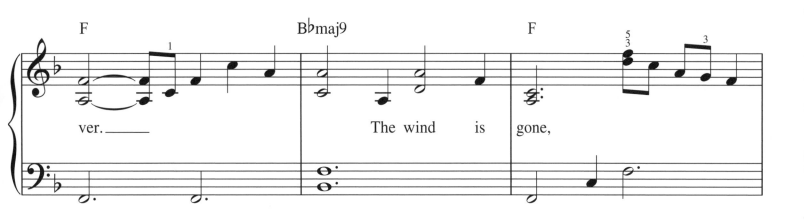

ver. _____ The wind is gone,

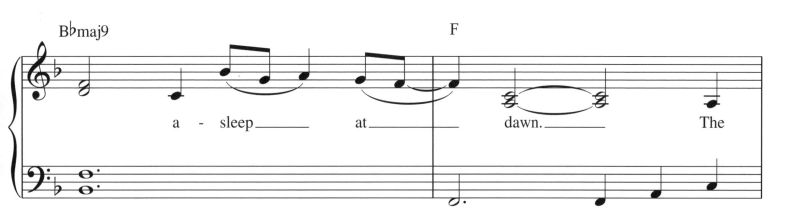

a - sleep _____ at _____ dawn. _____ The

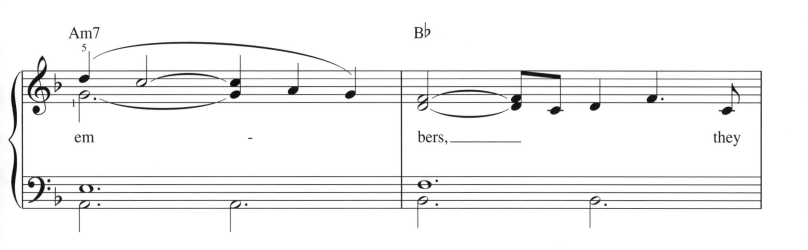

em - bers, _____ they

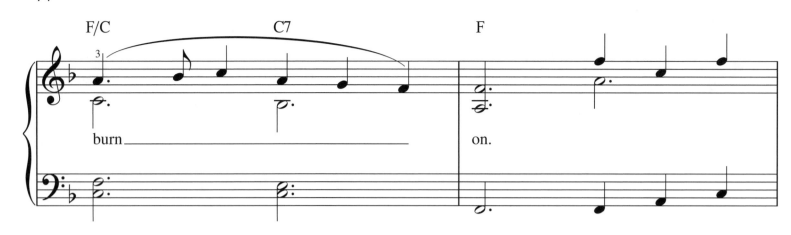

burn _____ on.

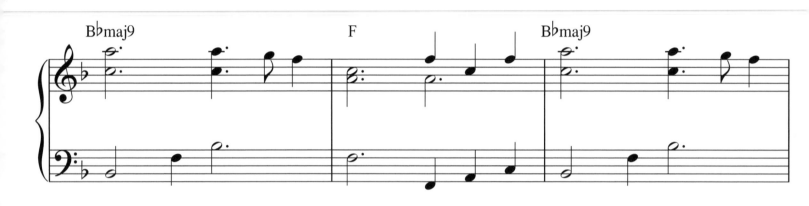

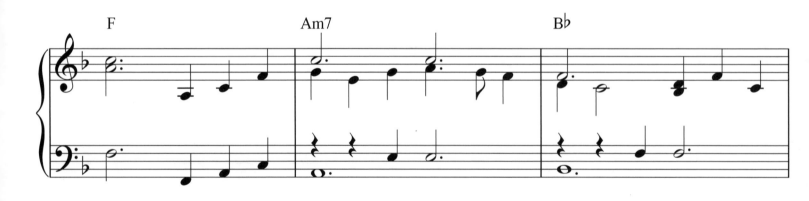

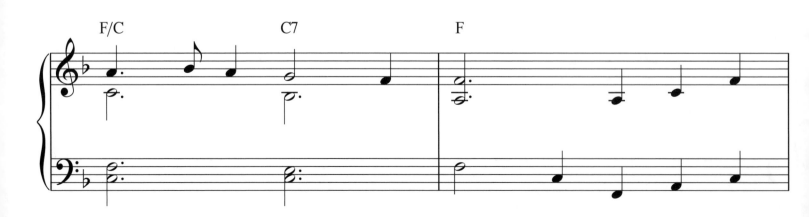

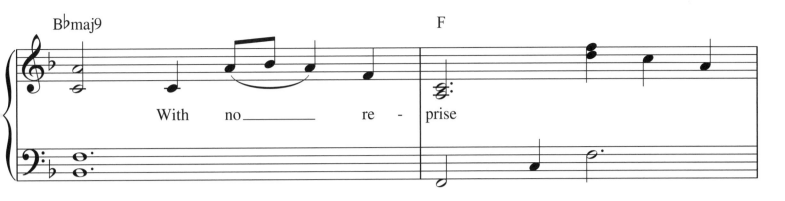

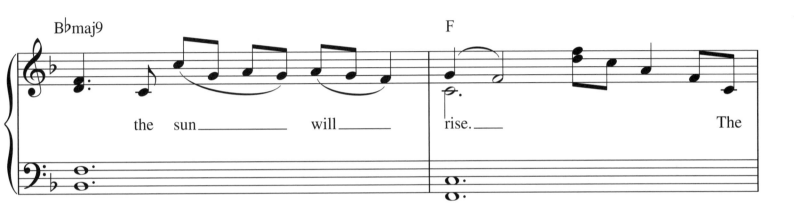

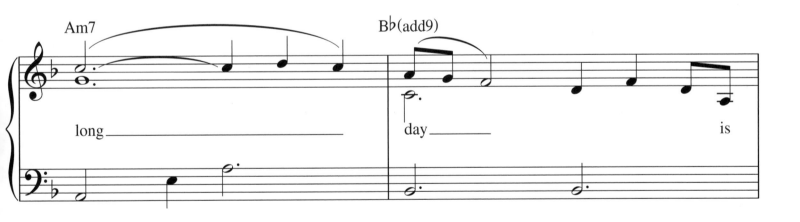

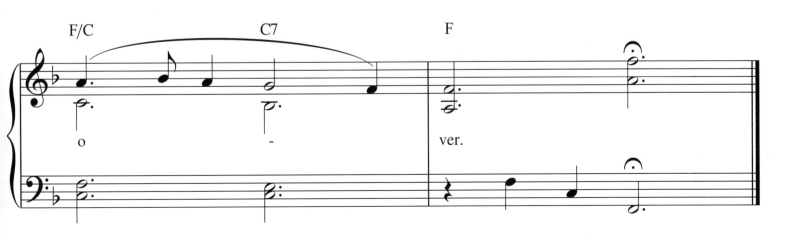

THE NEARNESS OF YOU

from the Paramount Picture ROMANCE IN THE DARK

Words by NED WASHINGTON
Music by HOAGY CARMICHAEL

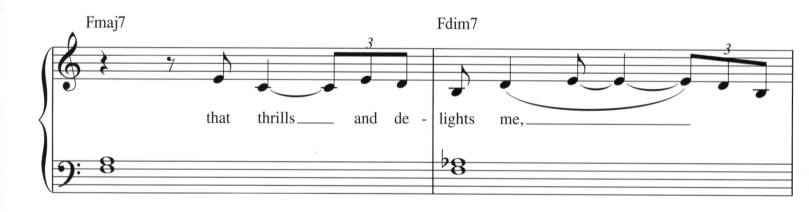

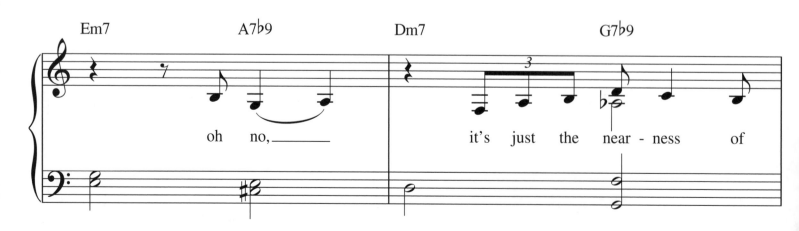

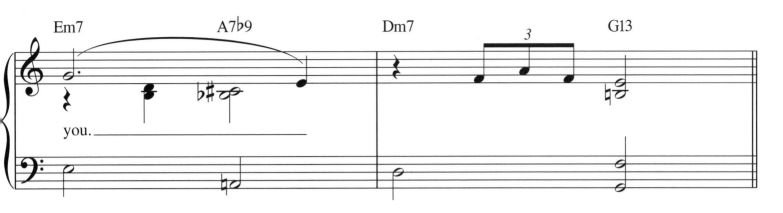

Slow and bluesy $\left(\sqcap = \overline{}^{3} \right)$

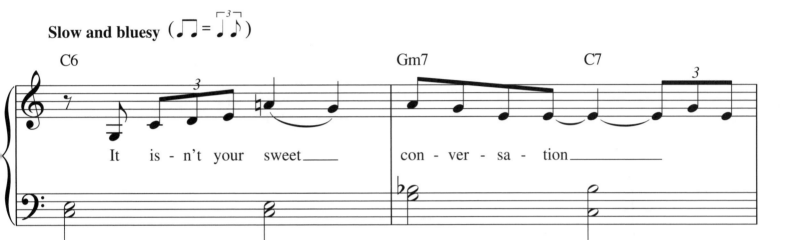

It is-n't your sweet___ con-ver-sa-tion___

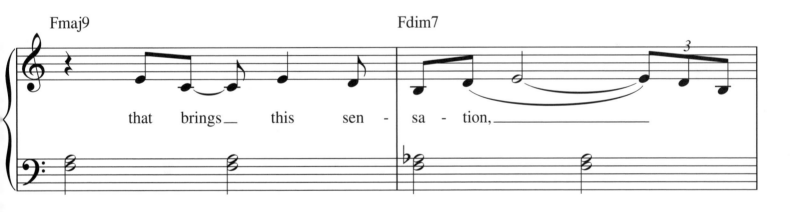

that brings___ this sen - sa - tion,_____

oh no,___ it's just the near-ness of

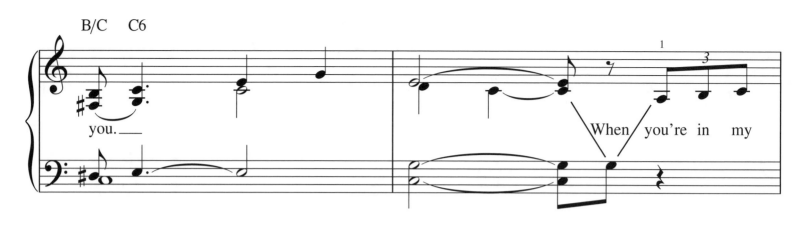

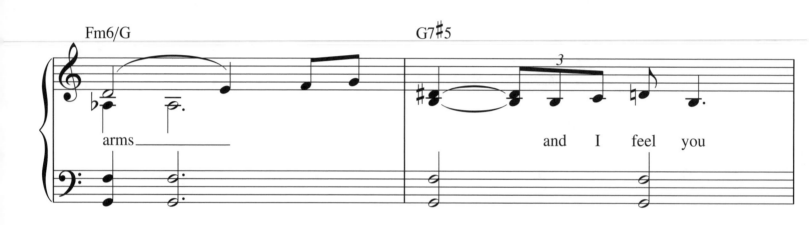

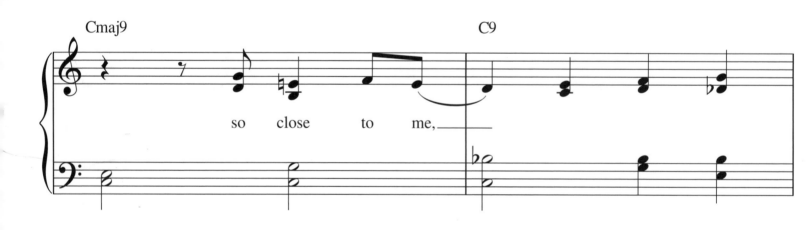

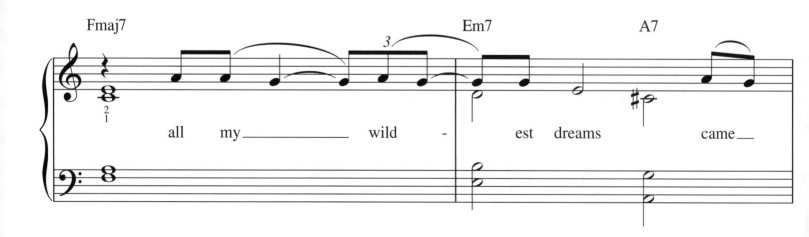

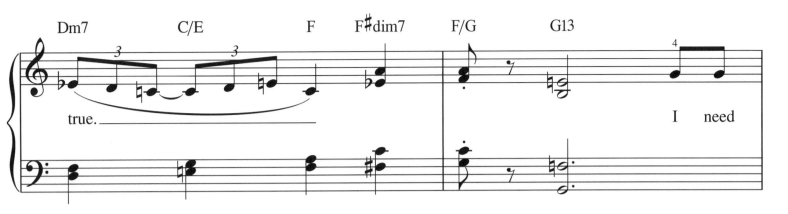

true.___ I need

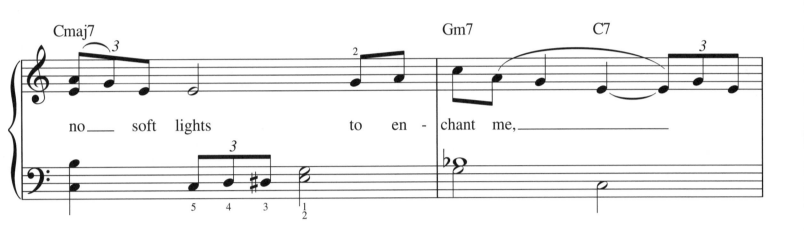

no___ soft lights to en - chant me,___

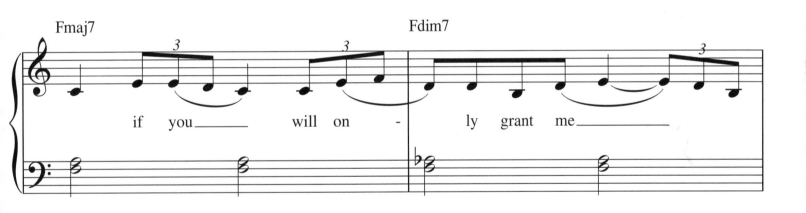

if you___ will on - ly grant me___

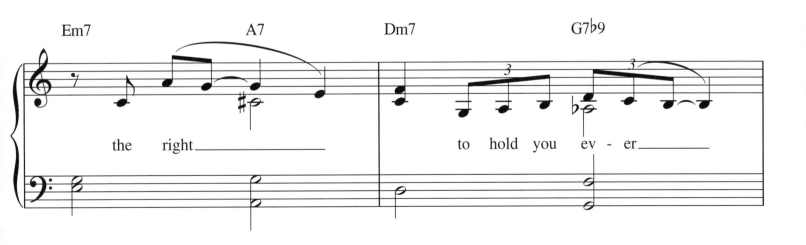

the right___ to hold you ev - er___